한 줄 문장으로 떠오르는 얼굴

심경숙 시집

상상인 시인선 *081*

가을빛에 물든 붉은 고추를 따다가 맺힌

땀방울의 기록이기도 합니다

*본문 페이지에서 한 연이 첫 번째 행에서 시작될 때에는 〈 표기를 합니다.
*저자의 의도에 따라 작품의 보조 동사와 합성 명사는 띄어쓰기가 달라질 수 있습니다.

시인의 말

밭고랑을 따라 걷다
흙 위에 문장을 눕혔습니다
농사를 짓는 사계절의 마음이
손끝으로 흘러들었습니다
어느 순간 감정의 신이 다녀갑니다
들꽃처럼 피어났다가 떨어지고
마른 꽃잎 되어 바스러진 자리마다
또 다른 언어가 살아났습니다
가을빛에 물든 붉은 고추를 따다가 맺힌
땀방울의 기록이기도 합니다

2025년
호반의 도시 춘천에서 심경숙

차례

1부 소원의 틈과 틈 사이로
생각이 무거워진 날

농부와 시인	19
글의 집	20
수타사의 겨울	21
돌탑	22
수타사 시화전	23
수선	24
강가에 머문 신발 한 짝	25
뉘시오	26
농부의 손	27
거울 속에서 엄마를 만난다	28
홍천버스터미널	29
시인의 밥	30
문학적인 안개	31
몽돌	32
미루나무 서사	33

2부　가만히 고개 숙이면
##　　　얼굴이 사라진다

청평사에서	37
동화사 풍령은 바람을 먹고 삽니다	38
옷집 앞에서	39
오이꽃 지면	40
길은 질문으로 자라고	41
수타사에서 시를 만나다	42
봉정암의 하룻밤	43
마음의 빈 곳간	44
잠실	45
오미 나루	46
가을 꽃상여	47
선물 중의 선물, 탄생	48
동심적인 밥	50
연꽃 얼굴	51
기억을 더듬으며	52
오름으로 가는 내림	53
소금꽃 얼룩무늬	54

3부 모서리가 서로의 소원으로 엉겨가는 세상
층층 돌

어머니	59
산책길	60
돌무덤	61
상실의 지게	62
아버지의 고무신	64
가을을 딴다	65
돌탑 마을	66
여름	67
최고의 선물	68
달팽이 서사	70
지상의 첫걸음	71
콩꽃이 붉다	72
은우가 봉숭아 꽃물 들 때	73
미로	74
객차에 앉아 바라보는 생의 풍경	75
밭두럭에 소금꽃 그린다	76
오일장	78
풀꽃처럼	79

4부 가슴 깊숙이 들앉은 당신이라는 새

오미 나룻길	83
춘천 사이로 248	84
물소리가 좋아요	85
달팽이	86
비 오는 길	87
날다	88
달그림자	89
요양원	90
김치꽃	91
복숭아 계절이 오면	92
깻잎 사랑	93
무덤 앞에서 시 읽기	94
할머니에게 은우가 쓴 시	95
바람이 머문 자리	96
찔레꽃 필 때면	97
12월	98
둥지 튼 슬픔	99

해설 _ 경작과 함께, 시와 함께 -여성 농부의 시 세계!	101
이영춘(시인)	

1부

소원의 틈과 틈 사이로
생각이 무거워진 날

농부와 시인

수목원 산자락 돌산에
무궁화 꽃잎처럼 둘러앉아
꽃향기 커피 향처럼
농부가 되고 시인이 된 카페
산새 소리, 매미 소리
그 울음소리 노래로 담고
꽃가루처럼 부서지는 햇살을
꽃잎의 향처럼 우려
한 잔의 시를 내린다

순간은 시가 되고
농부가 된다

* 농부와 시인 : 카페 이름.

글의 집

새벽 두 시의 별꽃 같은 기와집
번쩍 스치는 번개 같은 의문
단어의 단어로 기둥을 세우고
살을 붙이고 운율을 만들고
삐거덕대는 주춧돌 부둥켜안고
생각의 실마리 한끝에서
회로의 선을 따라나선다
어느 구간에서 와해되어 버린 집
생각의 생각이 날뛴다
월척이란 문장도 잠시
언어의 파고로 돌다 미끄러져
바닷속으로 달아난다
미완성된 집 한 채
불면이 둥둥 떠 있다

수타사의 겨울

적막이 풍경소리로 운다
하늘에서 이슬방울 같은 은구슬 떨어진다
합장의 기도문으로 영근 구슬인가
선禪으로 영근 산자락마다
설움 같은 얼음꽃 고요를 깬다
하얀 천상의 꽃으로 다시 피어난다
누군가의 기도로 쌓아 올린 돌탑
수행 중이다
산사를 긋고 가는 풍경소리
유리알같이 부서지는 햇살
동안거 참선 중이다

돌탑

수많은 소원들이 모여 수행 중일까
수타사 덕지천 계곡을 따라 오르면
간절함이 간절함으로 쌓여 있다
소원의 틈과 틈 사이로
생각이 무거워진 날
하늘도 구름의 무게가 버거운지
비를 내려 돌탑을 씻는다
빗소리 물소리가 산사를 울린다
속 때묻은 마음들이 풍경소리인 듯
가슴에 고인 물풍선 같은 아픔도
울컥 치솟아 오르는 미움도
돌탑은 서로를 품는다

수타사 시화전

수타사 부처님의 얼굴처럼
걸려있는 시화,
행간 행간마다 고요가 흐른다

바람의 언어인 듯,
암호 같은 문장 속 이야기들

바람과 햇살과 달빛과 별빛도
달려와 시를 읽는다

잃어버렸던 시간
산사에 와 부처님 얼굴 찾듯
내 영혼의 한 자락
서툰 행간 속에서 만난다

수선

헌 옷가지 늘어놓듯
인생의 스토리 펼쳐 놓고
자르고 덧대어 꿰매 본다
해진 옷깃 같은 나의 세월
장롱 안에서 낡아 버린 옷처럼
솔기마다 쌓인 먼지 털어내듯
상처로 곪아가는 옹이진 마음 도려낸다
가을 햇살의 길이만큼
빠른 걸음으로 살아온 시간들
어둠 속에 엉킨 실타래 풀어내듯
보푸라기 떼어내듯
세상을 건너온 내 마음의 상처
마름질로 하루가 저문다

강가에 머문 신발 한 짝

강나루 귀퉁이에 수행을 하는 듯 한 짝의 신발이 있다
정처 없이 물결 따라 밀려온 것일까
강가에 몸 담그고
검푸른 강물은 물결 따라 출렁거리고
윤슬은 서성이는데
길게 누운 데크길 저 아래
바람 타고 밀려 여기까지 온 순례자 같다

내 몸에 핀 시간들을 나직이 읊조려 본다
아직은 갈 길이 먼 수행자의 뒷모습
저 물결무늬 속에서 길을 찾고 있는 듯
가늘게 수면이 일렁인다

뉘시오

처음 본 사람처럼 멀뚱한 시선
여든여섯 살 노치원생 우리 엄마
밤새 지린 속옷 방 안 가득 널어놓고
잠잤는지 밥을 먹었는지
기억 저편, 생각의 저편
하얗게 물든 머리카락 수만큼
헝클어진 시간을 쓰다듬는다
봄날 양지꽃같이
사랑스럽게 살아 계신 우리 엄마
세월 거꾸로 매달고 간다
노란 버스를 타고 노치원을 다닌다
거무스름한 검버섯 얼룩 너머로
시린 가슴 하늘가에 가물거리는
여섯 살 아가가 된 우리 엄마
뉘시오? 그 말에
내 가슴 까맣게 타들어 간다

농부의 손

생의 동반자 나의 손
나무껍질같이 마디마디 휘어지고
굳은살 박인 손
베이고 꿰맨 상처들이 훈장으로 매달려
골 깊은 주름 밭고랑 같다
지문마저 지워진 손가락
머릿속 기억처럼 길을 잃었다
고생 안 하고 살아갈 손금이라고
손 펼쳐 손금 봐주시던 할머니
그 목소리 귓전에 맴도는데
나는 오늘도 밭고랑에 엎드려
손금 같은 주름을 캐고 있다

거울 속에서 엄마를 만난다

거울 안에 드셨을까
내 모습과 겹치는 엄마 얼굴

나의 주름 같기도
골 패인 이마 주름이 이방인 같기도 하다

흐르는 줄만 알았던 시간의 나이가
거울 속에 있다

가만히 고개 숙이면
얼굴이 사라진다

거울의 안과 바깥이 생겨난다

홍천버스터미널

어둠을 밀어낸 새벽이 버스를 기다린다
오지 않는 너를 기다리던 그날처럼
저만치 가 버린 너를
저만치 가 버린 시간을
차디찬 의자에 앉힌다
얼음 빙판이 된 화양강 강물처럼
하얗게 얼어버린 너와 나의 마음
서릿발 같은 바람이 인다
그 바람 따라 어디로 갈까
출발과 경유지와 도착지가
서로 다른 이곳
수많은 발자국이 만나고
수많은 발자국이 이별하고
머물다 떠나는 이 터미널에
나는 홀로 웅크리고 앉아 있다
차디찬 의자가 또 다른 시간을 기다린다
하얗게 멀어져 간 그 시간을

시인의 밥

발뒤꿈치의 상처 어디쯤
검정 고무신이 깨물었던 어린 시절
깊은 언저리에서 아픔으로 살아난다
아픔으로 고여 있다가 불쑥
고개 드는 통증의 날개들
부모님의 그늘진 날도
그래서 뒤척여야 했던 기억도
길섶의 풀 한 포기에도
밭고랑처럼 길게 구부러진 호미의 삶에도
울컥,
질펀하게 젖어드는 시인은 언어의 밥을 짓는다
내 혼신을 다해
빛을 담아내야 하는 한 그릇의 밥이다
감성을 안치고 끓여 낸 밥
언어와 언어가 한 톨 한 톨 모여
한 그릇에 오롯하게 담아내지만
늘 허기지는 시인의 밥이 되고 있다
살아갈 힘을 시인은 짓고 있다

문학적인 안개

난타를 치듯 소낙비 내린다
꿈틀거리며 올라오는 물안개
넘실대며 강둑을 오르고
미리 쳐놓은 그물처럼
시야를 덮어 버린다
안개 속에 갇혀 멍때린다
한 발짝 앞도 보이지 않는
한 발짝 나아가지 못하는 내 시처럼
빠져들고 있다
안개 속에서 생각을 밝히고 방향을 잡아도
다시 뿌옇다
모호함에 흥건히 젖어들고 있다

몽돌

바다가 전하는 향기
품에 안겨 온다
거친 숨 몰아쉬며 철썩이는 파도
몽돌 부딪히는 소리 달그락달그락
알 수 없는 이야기를 쉼 없이 전한다
끝없이 용트림 치는 파도의 몸부림으로
몽돌의 아우성으로
바다가 들려주는 이야기
품에 안겨 온다
거친 숨 몰아쉬며 철썩이는 파도
바람 불어오는 날
파도에 씻기고 씻겨 둥글어지는
몽돌 이야기
몽돌 같은 인생이야기

미루나무 서사

 나는 공책을 사야 한다고 졸랐다 엄마는 뿔난 얼굴로 화만 내셨다 팔 남매 치다꺼리에 지치고 힘겨웠을 어머니의 그 마음 그땐 왜 몰랐을까 미루나무 이파리가 바람결에 나부끼던 날, 지푸라기로 길게 싸맨 달걀 한 줄 들고 깨질까 봐 숨죽여 걸었던 십 리 길, 학교 앞 문구점에서 공책과 바꿨던 일, 자식 위해 더 해 주지 못한 마음 징하게 아팠다는 엄마의 말씀, 이제야 알겠다 시장 모퉁이를 돌 때마다 달걀 꾸러미를 볼 때마다 가슴 찡하게 울려오는 목소리 들려온다 노을빛 머금은 미루나무로 당신바람이 왔다 간다

2부

가만히 고개 숙이면
얼굴이 사라진다

청평사에서

바위에 핀 노란 양지꽃

부처님 품속보다

더 넓은 허공에 꽃대 심고

수행자 되었을까

스님 독경 소리에

귀를 연

고요가 샛노랗다

동화사 풍령은 바람을 먹고 삽니다

바람에 귀 기울이면 바람이 들린다

부대끼며 서로의 음계를 맞추면
기다림이
동화사 뜨락에 울려 퍼진다

어지럽고 회오리치는 마음
빼곡히 적힌 이름들
사랑의 소원 나무,
사이로 풍령이 연주회를 가진 듯 하다

연등 꽃길 거닐며
생각은 생각을 붙잡고
둥지 튼 까치도
조용하다

바람이 풍령에 머물렀나 보다

옷집 앞에서

시장 구경이나 가자시던 어머니
꽃무늬 원피스가 걸린
용인상회 앞에서 발길 멈추신다
얼마 전 봐 놓은 옷 한 벌이 눈에 밟히셨나 보다
속주머니의 돌돌 말은 지폐 세 장
내 손에 쥐여 주신다
딸이 사 줬다 할게!
이만 오천 원짜리 옷값
서로 돈을 내려 하던 그 옷 가게 앞
어머니 그림자는 간 곳 없고
상표도 떼지 못한 채 잠든 옷
꽃무늬 같은 그리움에 꺽꺽
목줄기가 뜨거워지는데,
꽃물처럼 물든 내 가슴의 옹이는
어머니의 빈 그림자같이
발길을 불러 세운다

오이꽃 지면

  오이꽃이 섶을 타고 오른다 초록의 오이가 줄줄이 달려 있다 기억의 여름날, 농사에 식당 일까지, 오이 줄기처럼 허리 휘도록 일에 지쳐있던 우리 엄마, 오이꽃같이 황달이 피어났다 진 노랑꽃이 눈동자에 머물던 날, 꽃잎처럼 매달린 여덟 남매, 엄마를 보러 병원으로 달려갔다 오이꽃 같은 엄마는 날이 갈수록 시들고 얼굴은 가물가물 오이지처럼 축 늘어졌다 여덟 남매 두고 먼 길 떠나신, 우리들 가슴에 노랑이 치명적이었던 그해 여름

길은 질문으로 자라고

길 끝에 길이 있다
대백과사전 같은 자연 앞에서
질문을 던지는 은우
산책길 따라 발맞추어 걸어가는
개미 귀뚜라미 방아깨비…
꼬불꼬불 시골길 따라 피어 있는 야생화
흙먼지에도 활짝
햇살 같은 마음이다
주름진 할미꽃 얼굴도 하얗게 피어난다
은우는 궁금한 것이 많아
물음마다 백과사전을 펼치면
우주보다 더 크게 꿈이 자란다
점점 길이 자란다

수타사에서 시를 만나다

오월 산소길에
시의 가족이 이사 왔다
다섯 가족이 모여 사는 시의 집
자연 속에 문패 달고 월세 들었다
시의 향기에 취해
꽃물 들어가는 야생화
삼색병꽃 아카시아꽃 더덕꽃 향기
방울방울 쪄낸, 호빵 같은 불두화
꽃망울 피워내고
뻐꾸기 소리가
시 낭송하듯 울려 퍼진다
고즈넉한 산사, 산소길
시가 사는 산소길
묵언 수행하던 그 숲길에서
시를 만나 시를 잉태한다
볼록한 배를 가진 동자승마냥
그런 시가 산다

봉정암의 하룻밤

단풍 같은 사람들이 하나둘 봉정암에 들었다
산행에 허기진 사람들이 길게 줄을 서 있다
미역국과 밥 위에 보름달처럼 뜬 오이 세 쪽
처마 밑에 쪼그리고 앉아 먹으면
풍경소리 들리는 그 맛에
불국토 같다

하늘 아래 몸 하나 뉠 방 한 칸
사각 라인 안에 지친 몸 눕힌 밤
창호지에 어린 산사의 밤이 있다
상수리나무 가랑잎 부스럭대는 소리가 있다
적멸보궁 진신 사리탑에
별들이 내려와 연등 밝히고
나는 별들의 주문을 왼다
기도문이 하늘에 닿아
봉정암 산사를 가른다
순례자로 머문 하룻밤
극락이 나를 연다

마음의 빈 곳간

산사 법당 부처님 앞에
촛불 밝히고
비어 있는 듯
꽉 찬
생각을 내려놓는다
마음 한쪽을 채우기 위해
마음 한쪽을 비우기 위해
108배로 부처님께 길을 묻는다
뾰족했던 마음 둥글게 해 달라고
발에 차인
무수한 나의 돌멩이들이
돌탑 되어 달라고
빈다
기우는 노을이 붉어서
찬란하다

잠실

누에가 사는 집
소낙비 내리는 소리처럼
사그락 사그락 뽕잎을 갉아먹는다
자고 먹고 먹고 자고
산과 들에서 어머니가 따온 뽕잎
꿈을 먹고 잠을 자며
키운 몸의 실타래
그 실타래의 끈을 잡고
한 올 한 올 피워 올리는 생의 꽃
사각의 틀 속에 갇혀
하얀 궁전을 짓는다
궁전으로 채운 누에의 집
꿈이 자라고
내가 자라고

오미 나루

강 나루터 길목
의자 서너 개 있다
강 건너갈 나그네 기다리듯
우마차 싣고, 어머니 싣고
오가던 뱃길,
배 따라 뱃고동 소리 떠나가는
어머니 소리 사라지듯
다시 울지 않는다
강물은 소리 없이 간다
묻어둔 기억 저편
팔랑이는 강 언저리에서
허공을 딛고
한 번 간 바람
되돌아오지 않는다

* 춘천시 서면 옛 나루터.

가을 꽃상여

누렇게 익은 얼굴로
마른 북어처럼 길게 누워 계시던 어머니
화롯불같이 따끈따끈한 호박죽 쑤어다 드리면
언제 갚으라고 또 죽을 가져왔니 하시던
그 말씀 귓전에 스친다
홀로 계신 골목 맨 끝 외딴집
그 길 볼 때마다 떠오르는 얼굴
어머니 얼굴이 아른거린다
세상의 옷을 벗고
한 벌의 새 옷 갈아입은 흰 관,
꽃상여에 온몸 편히 눕히시고
떠나시는 길
흰 구름 몇 조각 천사 날개 되어
어머니 모시고 가는 듯,
가을바람이 마지막 구름을 배웅한다

선물 중의 선물, 탄생

봄
하늘이 주신 인연의 선물
고운 며느리 품에 안기어
기쁨으로 반겼습니다

여름
입덧도 없이 열무김치에 고추장
비빔밥, 열무 소면, 소소한 음식도
행복한 밥상으로 만족하며

가을
건강하게 자라나
엄마 배 속에서 꼼틀거리며
아빠 좋아하는 축구를 즐기나 봅니다

겨울
봄울! 봄에 와서 겨울까지
봄 여름 가을 겨울 사계절 여행을
엄마의 배 속에서 건강하게 자라나
축복 속 기쁨의 인연으로
우리 품에 안겼습니다

〈
하늘이 주신 소중한 인연
건강하게 내게로 온
가장 소중하고 아름다운 선물, 봄울

첫 만남
두리번거리는 너의 눈길
세상에 온 것을 축하하며
사계절 내내 사랑한단다
봄울!

동심적인 밥

밥이 밥상에 놓이면
꼬꼬알 메추리알 장조림 백김치
노릇노릇 구운 고등어 한 마리
동그란 밥상이 무거워
어쿠 신호를 보내면
쌍둥이들이 달려와 상을 번쩍 들고 거실로 간다
하얀 밥알들을 숟가락에 뜨면
인형 손가락 같은 아기 손들이
자기가 먹고 싶은 것을 콕콕 가리킨다
아진이는 고등어와 꼬꼬 에그
아인이는 백김치를 백 김, 미역국
은우는 고등어와 메추리알
아이들의 다른 입맛, 세 아이 밥 먹이는 시간
한 시간은 아우성이다
안 먹으려는 아이들
먹여야 하는 할미와의 싸움 아닌 싸움터
저녁마다 밥알같이 엉겨 붙는 밥상 앞이다
언제쯤 되어야 스스로 먹을 수 있을까
맛있어요! 엄지 척! 하면
그게 내가 살아가는 밥심이다

연꽃 얼굴

절에 가신다고 챙기신 어머니의 쌈짓돈,
쌀, 향, 초 보따리 가득 꼭꼭 묶어 놓고
새벽에 쓰러지셨다
분수처럼 솟구쳐 뿜어대는 머릿속의 피
부처님 오신 날,
공양도 이런 공양이 또 있으랴!
머리를 깎고 머리뼈를 열고
하얀 고깔모자를 쓰고
연꽃처럼, 연꽃 등처럼 붉게 물들이며
열반에 드신 걸까
적멸보궁 같은 어머니의 텅 빈 자리
어머니가 좋아하셨던 부처님의 자리
그 인연의 연꽃
연꽃 같은 꽃잎들 둘러앉은
여덟 남매의 사월 초파일,
어머니 가시고
텅 빈 대청마루에
구름만 무심히 흘러든다

기억을 더듬으며

생각의 집을 잃은 어머니처럼
사라진 기억을 찾아 인적 없는 들길을 헤맨다
들꽃이라도 만날 수 있을까
그 이름이라도 기억해 낼 수 있을까
잠든 기억 너머로 가물거리는 흔적을 따라나선다
주름진 이마에 맺히는 햇살도
거울 속에 비친 어머니의 낯선 기억을 더듬어
조각난 추억을 건져 올릴 때
혈관을 타고 흐르는 눈물이
고요로 물든 강둑을 첨벙이고 있다
머릿속을 가득 채운 유리 조각 같은
부서진 기억의 알갱이
온몸에 관절염같이 살아나
굽은 등에 땀방울 송골송골 맺힌다
기억을 건져내는 허공에서 헛손질해 보지만
가물거리는 오래된 기억 너머로
수평선 저 손끝에 닿을 듯
보이는 어머니 집은 어딜까
지옥일까, 천국일까
보일 듯 사라지는 무지갯빛 꿈결에
어머니 가신 길, 오래된 그 길에,
풀벌레 울음소리 요란하다

오름으로 가는 내림
-삼악산

　안개꽃 활짝 핀 듯 하얀 물줄기 천둥 치는 등선폭포를 오른다 삼백삼십삼 개의 돌계단을 오른다 산길 따라 코끝을 스치는 솔바람 향기 산신령처럼 앉아 있는 654m 삼악산 정상, 나는 솔향의 품속에서 커피 한 잔을 마시는 여유다 정상에서 내려다보는 붕어섬에는 물고기 떼들 햇살 가르듯 은빛 물살이다 산사의 오케스트라 연주 같은 정양사의 풍경소리 법문을 외우듯 나는 사색에 든다 이 세상 건너온 풍진 돌계단 때로는 돌계단에 넘어져 허우적거리고 또 때로는 허공 잡고 저 바위에 서 있는 고목처럼 윙윙 바람 소리 삼키며 오르고 또 오른다 노을을 가르듯 하늘을 가르듯 빨간 케이블카가 허공을 가른다 오름으로 가는 내림이다

소금꽃 얼룩무늬

배추처럼
절여진

배추 속처럼
생이 하얗다

푸른 잎 사이
고통처럼 늘어진
노란 잎들
자르고
소금물에
절이고 씻은

절임 배추에서
흘러나온
소금물의 기운이
나에게로
왔나 보다

몸은 염전처럼
누워 있고

파도 소리 들린다

나의 소금꽃이
피었다

3부

모서리가 서로의 소원으로 엉겨있는 세상

충충 돌

어머니

배고픈 그리움을 다독이며
산을 넘습니다

따끈한 커피 한 잔 놓고
애꿎은 잔디만 뜯습니다

엄마, 부르면
산 너머 메아리로 사라집니다

산책길

소양강 따라

하늘과 구름이 이어져 있고

오리들의 수영장이

바람결에 출렁인다

푸드덕 오리 떼

물의 행간을

건너뛸 때

주섬주섬 한 줄의 계절이

따라 걷는다

돌무덤

 산길 돌아 꼬불꼬불, 검은 연기 치솟는 그곳, 살타는 냄새 스멀스멀 스민다 군자리, 언덕배기, 묵정, 소나무, 바람에 구슬피 울던 그날, 살붙이 불구덩이 밀어 넣고 까만 원피스에 까만 구두, 붉은 육개장 한 그릇 목메게 밀어 넣었다 그을린 하얀 잿가루 항아리 담던 날, 까마귀 울었다 어머니 따라나선 고갯마루 산밤나무 밑에 만 팔천이백오십 날, 세상에 남아 있던 지갑, 주민등록증을 함께 잠재우고 푯말 세웠다 수많은 흔적이 남아 있던 핸드폰도 묻었다 그림자 길 따라나서는 솔낭구, 짙은 구름 속에 잠든 햇살이 너의 마음인 것 같아, 숨이 멎을 듯이 아팠다 부디 봄날 한 송이 자유로운 들꽃으로 피어나길!

상실의 지게

고달픔이 우두커니 서 있다

산에서 큼지막한 나뭇짐과
때론 소먹이 꼴을 지고
비탈진 화전 밭의 곡식을 짊어진
아버지와 지게는 등으로 이야기 나눴던 친구

팔 남매의 무게가 버거워
지게가 균형을 잃어 휘청거리듯
이내, 아버지 중심을 잡으셨던

올망졸망 자식들 배 채워 주려고
굳은살 박인 어깨와 휜 허리
농부의 삶이셨다

겨울날 구들장 지나가는 불길같이
화로 속 군고구마의 이야기가
굴뚝으로 피어올랐었지

긴 겨울밤 꿈을 꾸듯
꿈을 놓친 듯

헛간 귀퉁이에 할 일을 잃어버린 듯
서 있는 지게

아버지의 고무신

 종일 밭에서 일하고 오시면 아버지의 하얀 고무신은 풀색이 되었다 팔 남매의 농사꾼 아버지, 고단함으로 물든 고무신을 깨끗이 닦아 댓돌 위에 놓아두면 일터로 가시는 가벼운 발걸음, 평생 밭일만 하며 사시던 분이 위암 말기, 하늘이 무너질 듯 땅이 꺼질 듯한 날 아픈 모습 자식에게 보이기 싫어하셨던 분, 앞 논에 모내기 끝내고 개구리 슬프게 울던 날 아카시아 향기 따라 홀연히 떠나신, 아버지의 흔적이 묻어 있는 고무신을 신고 오늘도 밭두렁을 걸어 봅니다

가을을 딴다

발갛게 물드는 고추밭에 앉았다
꽃등 수천수만 개 불 밝혀 놓은
하우스 안에서 이명처럼 들리는
매미 울음소리
여름을 재촉한다
빨갛게 익은 고추
똑똑 톡 손끝에서 여문다
내 손길에서 익어가는 바구니
40도의 뜨거운 열기에
꽃등 켠 가을이 익는다
빨간 땀방울들이 조명처럼
모여 앉은 고추 바구니
바구니 들고 땀에 흥건히 젖은
나도 가을이 된다
다 내어주고 앙상한 가지로 늘어진
고춧대처럼

돌탑 마을

모서리가 서로의 소원으로 엉겨있는 세상
층층 돌이다
낮은 집, 높은 집, 자갈과 어우러진 돌의 마당에서
주춧돌 세우고 뭉우리돌, 각진 돌
햇살이 산모퉁이를 내려와 돌탑 위에 앉는다
돌 틈 사이에 스며든 바람의 이야기
소원을 품은 돌들의 이야기
둥지에 머문 바람도, 햇살도, 풀벌레들도
스쳐 지나가는 그 내력들이 살고 있는 돌의 집
마을 어귀에 지탱하고 있는 나무와 풀과 야생화
탑과 탑 앞에 합장하는 손
소원이 불어나는 마을

여름

바닷가 긴 수평선
태양 아래 그리움이 발갛다
동해 파도 소리
철길 구르던 기차 여행길
설렜던 젊은 날의 여름

휴가는 온데간데없어졌고
이른 아침 새들의 지저귐에 눈 뜨면
나뭇잎 품으로 찾아드는 햇살을
맞이하는 하루

고추밭 수렁에 발 담근
나는 들꽃처럼
그 긴긴 하루를 햇살에 굽힌다

애호박 전 노릇노릇 구워 놓고
꽃잎처럼 둘러앉은 여름을 꿈꾸며

최고의 선물

앙증맞은 인형 같아
꼼지락 몸짓하던 아가야
반짝이는 별처럼 미소 짓는
기쁨과 행복을 안겨주었던 너

초롱초롱한 눈빛으로
눈을 맞추며 입을 오물거리며
무슨 말을 하고 싶었던 걸까?

작은 목소리로 우는 모습도
입을 뾰족이 내밀어
기분 좋다는 표현도 예뻤었다

사랑한다는 마음
좋다는 마음, 울음으로 표현하는 너를
보고 또 보아도 보고픈
봄에 와서 겨울에 태어난 은우

세상에 와 준
최고의 선물 최은우
너를 환영한다

〈
사람을 사랑할 줄 알며
건강하게 멋지게 자라주기를!

달팽이 서사

어디를 가나
집 한 채 끌고 다니는
그 집, 속에는
내가 챙겨야 할 수많은 입과
내가 거둬야 할 손과 발과
별처럼 떠 있는 머리들이 있다
휘어져 가는 더듬이를 등에 지고
힘겹게 느릿느릿 언덕을 오른다
나의 엄마가 그랬듯이
커다란 집 한 채 등짝에 메고
주파수를 가족에 맞춘다
안테나 같은 촉수 곧게 세우고
살아가야 할 내 껍질의 택호
건강한 길, 일 번 길

지상의 첫걸음

한 걸음 한 걸음 걷다가
넘어지고 또 넘어지며

거실 창으로 내다보던 마당
등에 업혀 가 본 뒤뜰
얼마나 걷고 싶었을까

뒤뚱뒤뚱 넘어질 듯
노랗게 핀 꽃다지 보러 가는 길

넘어지면 흙장난
손이 아파도 처음 만져 본 흙
꼬까신 신고 깔깔깔 웃는 모습

지상의 첫걸음
은우의 첫봄이다

콩꽃이 붉다

가을이 익어가는 논길을 따라
트럭 한 대 툴툴대며 올라온다
두부 콩나물 사세요 콩나물,
마이크에서 튀어나오는 소리
풀벌레 소리도 멈춘다
두부 장수 목소리 허공을 감돈다
두부 있습니다 두부요
그 소리가 정겨워 들에 핀
개망초 쑥부쟁이도 귀 기울이고
엉덩이 들썩이며 모여드는 것 같다
두부 사세요! 두부!
허공 속에 던지던 그 소리
보랏빛 콩꽃 같은 미소 속에 담긴
이야기가 심장에서 들려온다
종일 좌판대 위에서, 시식대 위에서
두부 사세요, 두부
귀에 걸고 외치던 그 시간
아는 사람이 볼세라
모자 속 얼굴 깊숙이 숨기고
두부모 속에 숨고 싶었던 그 시간
내 젊은 날의 하루,
심장 저 끝에서 콩꽃이 붉다

은우가 봉숭아 꽃물 들 때

봉숭아 손톱에 물들이던 날
은우의 손톱만 바라보았다
은우가 자고 있을 때
오른손 손톱에 꽁꽁 묶인
봉숭아 꽃잎은 잘 있는데
왼손 손톱의 봉숭아는
사라졌다
그래도 은우의 마음은 좋았다
밤새 손톱에도 마음에도
빨갛게 봉숭아 꽃물이 들었다
화분에 꽉 입 다물고 있던 봉숭아꽃
햇살이 간지럽혀서 활짝 웃는다
은우의 손가락에 물든
봉숭아 꽃물이 곱다

미로

고통의 속말이 속울음에 갇힌 채
조각난 꿈인 줄 알았던 삶에
마음의 빗장을 풀어내듯
배움의 길을 걷는다

배움은 파란 날개를 달고
복도의 끝과 끝
꽃밭을 뛰어다니는 소녀가 된다

살아온 날보다 뜨겁게 더 뜨겁게
자신을 채찍질하며
잃어버린 페이지 속에서
깨어나는 나의 배움들로
상처의 발자국들, 생채기를 지운다

마음의 빗장을 풀어내고
눈부신 햇살의 응원을 입는다
내 안에서 끝없이 샘 솟아날
사색의 시간을 걷는다

시간에 놓쳐 버린
조각난 꿈의 퍼즐을 맞춘다

객차에 앉아 바라보는 생의 풍경

어디를 향해 달려가는 걸까

계절을 느껴볼 여유 없이
어제 같은 오늘

잠깐 머물다 간 오늘의 햇살마저
휑한 마음으로 스쳐간다

인생의 굴레 위로 열차가
삐거덕거리며 달린다

시간의 바퀴에 몸을 맡기고
일만 하다 지나쳐 버린 역, 역

이젠 중년의 객차에 앉아
서리꽃 피는 창밖을 바라본다

어느 역에 내릴지도 모른 채
종착역을 향해
쉬지 않고 달린다

밭두럭에 소금꽃 그린다

새벽, 밭두렁 호미질로 시작된 하루
앞산 매미들의 울음이
배경음악처럼 따라붙는다

낮게 내려앉은 햇살 아래
쪼그려 앉아
풀벌레 소리에 젖은 채
멍하니 풀을 뽑는다

벌겋게 달아오른 얼굴
휘어진 등줄기 따라
땀이 소낙비처럼 흐른다

쉼 없이 일하던 어머니의 등처럼
삶도 흘러, 흘러
소금꽃으로 핀다

그 꽃을 닮은 밭두렁
개망초 하얗게 피고
들꽃은 비웃듯 고개를 젓는다
〈

긴 옷으로 피부를 가리고
벙거지 눌러쓴 얼굴
나는 허수아비처럼 앉아 있다

푸드득 날아든 참새 떼 밭가에 내려앉고
풀포기에 머문 무더위
거센 호미질에 달아오른 몸

마침내
내 안의 수도꼭지를 튼다
얼룩진 살결 위로 소금꽃이 피어난다

오일장

지나다가 딱 잡혀 버렸어
아버지가 좋아하시던
올챙이 국수
홍천 메밀총떡

평생 엄마의 팬이 좌판에 있다
선지해장국
수리취떡

님은 가셨는데
좋아하던 그 음식들은
떠나지 않고 장날마다 선다

후루룩후루룩
그리움의 허기를 채운다

풀꽃처럼

이름 있는 꽃이 되라 합니다
하루를 보낸 삶의 알갱이들이
여물어 가는 하루가 되라 합니다
한 점 떠도는 구름은
나를 휘청이게 합니다
들풀 사이를 바람처럼 걷다가
들풀들의 속삭임에,
들새 울음소리에 귀를 열고
그 마음을 듣습니다
풀잎 사이로 불어오는 바람 한 끝에서
내가 걸어온 길 위에서
언듯언듯 보이는 풀꽃들
풀벌레들의 울음소리와 바람의 이야기가
내 마음에 집을 짓습니다
있는 듯 없는 듯 이름 없는 풀꽃처럼 살다가
혼자 흔들리며 가는 길에
풀꽃 한 송이 피우려 합니다

4부

가슴 깊숙이 들앉은

당신이라는 새

오미 나룻길

얼음꽃 핀 강가 결빙의 시간
물에 든 나무마저 얼어 버린 샛강
쩡쩡 얼음 우는 소리 듣습니다

나룻길 차디찬 의자
아슬하게 달리는 겨울 자전거
강물은 동면에 든 듯 고요합니다

오리들의 물장구
사뿐히 내리는 하얀 눈송이
쉴 새 없이 흐르던 강물

지금은 모두
봄을 기다리는 시간입니다

춘천 사이로 248

  공지천 '사이로 248' 출렁다리가 강물을 가로지르고 너와 나처럼 우리라는 줄과 줄로 이어졌다 강물은 안개로 자욱하게 출렁거리고 물안개가 피워 낸 서리꽃을 햇살이 서서히 녹여 준다 잔설 같은 발걸음으로 녹아내리는 이곳, 건너가는 다리 난간은 출렁출렁, 가슴 출렁였던 우리의 추억을 흔들어 댄다 바람의 발걸음이 소녀에서 중년까지의 우정을 쓰다듬 듯 물결 위로 뛰논다 햇살 내려앉은 수평선 위에 은빛 윤슬이 음표처럼 물 위를 굴러다닌다 우정은 출렁거리는 줄을 잡고 이어진다

물소리가 좋아요

강가를 끼고 걷는 산책로
어깨춤 추는 은우 따라
바람도 덩실거린다
물 위로 걷는 데코길
발아래 출렁이는 물결 따라
바위에 부딪히는 찰랑거림
그 소리가 좋아
유자차 마시고 싶다고
바닥에 두 다리 쭉 펴고 앉는다
자그마한 귓전에 들리는
찰파닥거리는 물소리
그리도 좋을까
아쉬운 듯 돌아오는 산책길
또, 오자는 약속 잊지 않는다
꽃 필 때
노을빛 물든 강가로

달팽이

소양강 강가를 걸었다
수정 같은 은빛 물고기들이
햇살에 뛰어오르고
백로는 긴 부리 낚시로
먹이를 쪼고 있다
물살을 가르고 팔딱이는 붕어 떼들
마치 사랑을 나누는 듯 물결 진다
강둑길을 따라 걷다 여섯 살짜리 손자의 눈에
들어온 달팽이
하얀 진액으로 길을 내며
길가에다 길게 경계선을 긋는다
산책 나온 사람들의 발에 밟힌 달팽이들은
개미들의 밥이 된다
손자는 불쌍하다며 아기 다루듯
느리게 걷던 달팽이 두 마리를
칡잎에 싸서 집으로 데리고 왔다
손자는 가족이 생겼다며
밥 먹는 것도 잊고 좋아했다
어느 날 그 달팽이 두 마리
꼼짝 않고 잠들어 있다
손자는 사흘 밤낮을 달팽이 달팽이 울었다

비 오는 길

 숲길을 걷는다 비를 맞고 있는 여름 들판 사이로 언덕을 지나 두 갈래 길에서, 돌부리에 걸려 발길 멈춘다 울퉁불퉁 흙길에서 풀숲으로 가는 아무도 없는 길 엇갈리듯 빗방울 날린다 고개 들고 일어서는 생각들, 한 줄기 칡덩굴 뻗어나가듯 실바람 감겼다 풀어진다 젖은 꽃송이들이 꽃잎 접고 온몸으로 마주 대하듯 고개 숙이고 빗물에 젖어든다 부챗살처럼 펼쳐진 옥수수밭 굽이굽이 언덕길, 비에 젖은 흙먼지 털어내듯 도랑물 흐르는 소리 요란하다 매미 울음, 새들의 노랫소리, 숲길에 깔아 놓은 듯 빗소리에 들꽃도 빗물도 조곤조곤 내리는 여름의 빗소리를 듣는 중이다 풍경이 비에 젖은 오르막을 오른다

날다

머무는 구름이 되어
들판을 바라보았다

허공에다 끄적여 보는 글

나무에 매달린 벌레 먹은 사과가
얼었다, 녹았다 하루를 보내듯
대롱거리며 매단 잎사귀
바람의 날갯짓에 파르르 떨린다

감정과 감정 사이
얼어붙은 고드름처럼
마음은 날카롭게 곤두선다

새처럼 떠돌다
배움의 날개로 불시착한 나의 시
이름 없는 들꽃이라도 피우고 싶은 꿈

들판에 내려앉은 새 한 마리
깃을 털고 날아오른다

달그림자

산마루 넘어오던 정월대보름달
달맞이 갔다
돌부리에 차여 넘어지며
내가 돌리던 달맞이 횃대가
오빠의 목덜미에 불붙은 달꽃,
그날의 흉터가 보름달로 걸렸다
소나무에 전등으로 걸린 둥근달
오빠 목덜미 상처처럼 불 밝힌다
흉터 같은 보름달이 떠오른다
불꽃 같은 흉터가 아픔으로 건너온다
달꽃의 기억이 둥그렇게 떠올라
내 안의 달꽃 무늬
유년의 달그림자가 내내 따라다닌다

요양원

뉘시오, 뉘시오
하얀 머리카락 사이로
팔십육 년의 시간을 더듬는다
강원도 어느 산골짜기 집에
고려장 하듯 두고 온 엄마의 그곳
잃어버린 기억 속에 머무르신 걸까
모두 다 내려놓은 듯
노을에 허공을 걸어
걸린 허공을 붙잡고
천만근 눈꺼풀만 껌뻑거린다
산이 보이는 창가에
엄마를 걸어 두고 돌아오는 마음
관절이 꺾인다
뉘시오,
그 목소리 이명으로 맴돈다

김치꽃

배추가 꽃처럼 피어났다
소금에 절은 노란 배추
말갛게 씻은 물맛도 보았다
고춧가루에 젓갈, 무채와 양념
목이 긴 하루 같은
빨갛게 물든 장갑의 손길에
치마폭 감듯이 감아 놓은 보물
동백꽃보다 더 붉은 꽃으로 피어난다
냉기 서린 보금자리 통 속에서
우리네 인생처럼 맛깔스럽게 숙성될 김치
꽃잎 따듯 이파리 따서
누군가의 허기를 채워 줄
어머니의 손맛
개울가에서 배추를 씻고
김칫독이 땅속에 묻히던 그날
시린 손으로 맛보던 매운 그 맛
가물가물 기억을 더듬으며,
내 손끝에서 피어나는 어머니 꽃

복숭아 계절이 오면

냉수로 허기와 목마름을 채우시던 어머니
가슴에 병든 줄도 모르고
일만 하시던
구부러진 밭고랑처럼 휘어진 허리
애지중지 호밋자루 잃어버린 듯
입맛 잃은 어머니
복숭아 계절이 오면 말캉하게 익은
복숭아만 드셨던 그해 여름에
떠나신 어머니
복숭아 사 드릴 여력이 없었던
그날이 오래오래 붉어 물컹해진다
봉분 앞에서
아린 가슴 붙잡고 못다 했던 말
어머니 드셔 보세요
당도 높은 황도예요

깻잎 사랑

가을날을 기억하고 싶어
깻잎 한 잎 두 잎 차곡차곡 따서
예쁘게 손질해 소금물에 절였다

어두운 항아리 속에서
잘 절여
주고픈 님 가지런히 떠올리며
그림 색칠하듯 갖은양념 덧칠한다

맛있게 먹어 줄 가족들 생각에
차곡히 쌓여가는 깻잎

하얀 쌀밥 한 수저에 얹어 먹으면
아! 이 맛이었어
엄마가 해 주시던 그 맛

내 아이들에게
깻잎의 내림 사랑을 살포시 얹어 준다

무덤 앞에서 시 읽기

엄마가 잠든 집, 빨간 단풍으로 온통 물든 집
상석 앞에 커피 한 잔 올리고
농부의 시 한 편 읽어 드린다
힘듦을 힘들다 말 못하고 살아온
딸이 써 내려간 시
하소연으로 풀어놓은 시
처음 엄마 앞에서 읽어 드리는 시
울컥! 목이 멘다
산바람 타고 들려오는 엄마의 음성처럼
흐느낌 같은 바람 소리 엄마의 손길인 듯
내 등을 토닥이신다
바람이 능선을 넘지 못하고 커피잔에 앉는다
소나무 잎새들 갈바람으로 흔들린다
눈물 떨구듯 솔잎들이 쏟아져 내린다
제비꽃처럼 가녀린 햇살이 흔들린다
들리시지요 어머니!

할머니에게 은우가 쓴 시
-갈대

앨버트로스 닮은 새가
물 위를 날아오르는 강가에서
갈대가 춤을 춘다
버들강아지 뽀얀 솜털을 자랑한다
옆을 지키는 갈대가 멋지다고 손을 흔든다
다이아몬드처럼 빛나는
강물을 바라보는 갈대
할머니 휘어진 허리 같다
그 모습 바라보는 소나무
춤을 추고 있다
바람이 물결을 흔든다
물결은 어린 갈대를 안아 준다
무지개다리를 건넌다
매력 넘치는 여기는 홍천 화양강

바람이 머문 자리

논두렁에 머무르던 바람의 시간
벼 포기가 허리춤 부여잡고
휘어져 버린 몸매에 무게마저 버거워
고개 숙인 벼 이삭
바람의 리듬에 가눌 수 없는 몸
휘어지고, 쓰러지고, 꺾여가는
상처 아닌 상처가
가을을 맞이하고 있다
농부의 허리 같은 논두렁에
바람이 흔들고 간, 헝클어진 벼 이삭
그 벼 이삭에 앉은 참새들이
수다로 한 끼 배를 채운다
거센 바람 허수아비처럼
나의 옷자락에 매달려
내 생각의 발목을 붙잡는다

찔레꽃 필 때면

 바람결에 달려온 오월의 향기, 내 마음을 흔들어 놓았다 어린 시절 찔레꽃 필 때면 농사일로 밭고랑에 사시던 어머니. 싸리나무 바구니 잘룩, 허리에 차고 주먹밥 한 덩이 빈 보자기에 넣고 나물 뜯으러 산으로 가셨다 가시밭 산등성을 오르내리며 산나물을 뜯어 저무는 산그림자를 이고 지고 오셨다 어머니의 긴 목처럼 휘어지는 산그림자, 어머니는 가쁜 숨 몰아쉬며 사립문으로 들어서셨다 허리춤에 매달린 바구니에는 살 오른 찔레 순이 간식처럼 매달려 있었다 그날은 가마솥에 나물밥 냄새가 올라오지 않아도 우리는 배가 불렀다 오월이 오면 나는 어머니 찾듯 찔레 덩굴 아래 여린 순 찾아 들판을 마구 다니다가 찔레꽃 앞에서 어머니 향기인 듯 빠져든다

12월

한 해의 끝자락에 서 있다
출발과 종착의 경계
레일 같은 인생길 굴레 속에서
시작으로 가는 끝이다
달리다 멈추다 달려가고 있다
삐거덕대며 달려가는 생의 철로 따라
시간의 바퀴에 의지한 채
일만 하다 지나쳐 버린 청춘역,
인생의 기차 칸에 탑승한 채
지금
어디쯤의 간이역을 지나고 있을까

둥지 튼 슬픔

깃털을 가진 문장이
새집에 둥지를 틀고 앉아 있다
기웃거리던 한 마리 새
뿌연 안개에 갇혀 있다
가슴 깊숙이 들앉은
당신이라는 새
나를 토닥이는 화음이 된다
깃털도 안개도
한 줄 문장으로 떠오르는 얼굴

∞해 설

경작과 함께, 시와 함께!
- 여성 농부의 시 세계

이영춘(시인)

1. 농부 시인

 심경숙 시인은 주경야독晝耕夜讀하는 시인이다. 이른 봄부터 가을 수확 철까지 한 시도 쉴 틈 없이 일을 한다. 그런 바쁜 와중에서도 심경숙 시인은 한 시도 시를 놓지 않고 산다. 게다가 사회생활까지 한 치의 오차도 없이 공적인 일 사적인 일에 최선을 다하는 보기 드문 일꾼이다. 심경숙은 자칭 '농부시인'이라 한다. 농촌이 점점 황폐화되어 가는 현대에 이르러 이런 호칭을 쉽게 말할 수 있고 들을 수 있어서 참으로 정감이 간다. 그러나 그 생활의 이면은 얼마나 고달프고 힘들겠는가! 농사철이면 이른 새벽부터 논밭에 나가 일을 해야 한다. '부지깽이도 바쁘다'는 가을철이면 몸이 두 개라도 모자란단다. 심경숙 시인은 어느 날 이런 말을 한 적도 있다. "아침 일찍

모를 심고 나왔다, 배추를 심고 나왔다"는 말을. 그 말을 들을 때마다 가슴 한 편이 찡 울리기도 했다. 이렇게 바쁜 와중에서도 심경숙은 시를 떠나지 않고 읽고 쓴다. 일을 하다가도 시상이 떠오르면 밭고랑에 앉아 혹은 논두렁에 앉아 시를 쓴다. 미처 저장하지 못한 시상은 밤늦은 시간까지 컴퓨터 앞에서 작업을 한단다. 이번 시집 『한 줄 문장으로 떠오르는 얼굴』에 수록된 대부분의 시가 그렇게 탄생된 시다. 그러므로 심경숙 시인에게는 흙과 땅과 그 땅을 둘러싸고 있는 산과 강과 비바람이 전부 시의 소재이다. 이런 까닭으로 심경숙의 시는 맑고 깨끗하고 순수 무구하다. 현란한 수사修辭나 고도한 상징이나 이해 불가한 낯선strange시가 없다. 그래서 그의 시는 정겹다. 심경숙 시인의 이런 삶의 모습을 잘 그려낸 작품부터 감상해 보자.

    생의 동반자 나의 손

    나무껍질같이 마디마디 휘어지고

    굳은살 박인 손

    베이고 꿰맨 상처들이 훈장으로 매달려

    골 깊은 주름 밭고랑 같다

    지문마저 지워진 나의 손가락

    머릿속 기억처럼 길을 잃었다

고생 안 하고 살아갈 손금이라고

손 펼쳐 손금 봐주시던 할머니

그 목소리 귓전에 맴도는데

나는 오늘도 밭고랑에 엎드려

손금 같은 주름을 캐고 있다

- 「농부의 손」 전문

절창이다. 더 이상 무슨 설명이 필요하랴!. 이렇게 쉽게 이해될 수 있는 시는 자칫하면 감정에 치우칠 수도 있다. 그러나 심경숙의 시는 정제된 언어와 절제된 감정으로 서정시의 룰rule을 잘 유지하면서 승화시켜 낸다. 수작手作이다. 그리고 이 시의 행마다 그 이면에는 가슴 찡한 심경숙의 생이 배어 있어 더욱 깊은 울림을 준다. "베이고 꿰맨 상처들이 훈장으로 매달려/골 깊은 주름 밭고랑 같다"고 자신의 손을 '밭고랑'에 비유하여 승화시킨 기법이 일품이다. 심경숙의 이런 고된 노동은 "나는 오늘도 밭고랑에 엎드려/손금 같은 주름을 캐고 있다"는 고백과도 같은 이 표현은 얼마나 진솔하고 애틋한가!

수목원 산자락 돌산에

무궁화 꽃잎처럼 둘러앉아

꽃향기와 커피 향기처럼

농부가 되고 시인이 된 카페

산새 소리, 매미 소리

그 울음소리 노래로 담고

꽃가루처럼 부서지는 햇살을

꽃잎의 향처럼 우려

한 잔의 시를 내린다

순간은 시가 되고

농부가 된다

* 농부와 시인 : 카페 이름

- 「농부와 시인」전문

 「농부와 시인」이란 이 작품은 강원특별자치도 홍천군 북방면 능평리에 위치한 카페 이름이다. 숨은 보석 같이 힐링하기 좋은 곳이라고 한다. 고즈넉한 산자락의 향기를 타고 여름철에는 초록 자연에 취할 수 있고 눈 내리는 겨울철에는 더없이 애수 서린 듯한 낭만에 취할 수 있는 곳이란다. 심경숙 시인은 이 카페가 좋아 자주 찾아가는 것 같다. 특히 좋아하는 이유는 아마도 「농부와 시인」이라는 그 이름이 마치 심경숙 자신을 상징화해 놓은 것 같은 장소로 동질감을 느꼈을 것이다. 그런 정서로 카페 주인과 차의 향기와 시의 향기를 매치시킨 발상이 일품이다. 심경숙 시인은 이렇게 사물이나 장소에 대하여 자신의 생활상과 연계된 의미를 끌어내어 동일시 기법으로 시를 창작해 내고 있다. 「시인의 밥」에서는 또 이렇게 노래한다.

>발뒤꿈치의 상처 어디쯤
>검정 고무신이 깨물었던 어린 시절
>깊은 언저리에서 아픔으로 살아난다
>아픔으로 고여 있다가 불쑥
>고개 드는 통증의 날개들
>부모님의 그늘진 날도
>그래서 뒤척여야 했던 기억도
>길섶의 풀 한 포기에도
>밭고랑처럼 길게 구부러진 호미의 삶에도
>울컥,
>질펀하게 젖어드는 시인은 언어의 밥을 짓는다
>내 혼신을 다해
>빛을 담아내야 하는 한 그릇의 밥이다
>감성을 안치고 끓여 낸 밥
>언어와 언어가 한 톨 한 톨 모여
>한 그릇에 오롯하게 담아내지만

늘 허기지는 시인의 밥이 되고 있다

살아갈 힘을 시인은 짓고 있다

-「시인의 밥」전문

이 시에서 「시인의 밥」은 시를 창작할 수 있는 줄기가 되는 '언어'를 '밥'으로 상징화한 것이다. 어렵게 살았던 어린 시절을 회상하면서 현재에는 그 어려웠던 마음의 상처들을 시로 풀어내고 있다는 것이다. 결국 이 시는 어린 시절의 '마음의 상처'가 현재에는 곧 심경숙 시인 자신이 시를 지을 수 있는 '언어의 밥'이 되었다는 은유다. 탁월한 발상이다. "문학작품은 아픈 상처의 나무에서 피는 꽃"이라고 한 미우라 아야꼬의 말과 겹치는 대목이다. "발뒤꿈치의 상처 어디쯤/깊은 언저리에서 아픔으로 살아난다"고 표현한다. 어리던 날의 '상처'를 인유하여 현재 "밭고랑처럼 길게 구부러진 호미의 삶에도 울컥"하면서 '시의 밥, 시인의 밥'을 짓고 있다는 것이다. 가슴을 찡하게 울리는 시다. 이렇게 심경숙 시인의 시는 읽다 보면 어느 새 그의 그 아픈 정서에 동화되지 않을 수 없다. 시적 발상과 표현이 절창이다. "감성을 안치고 끓여 낸 밥/언어와 언어가 한 톨 한 톨 모여/한 그릇에 오롯하게 담아내지만/늘 허기지는 시인의 밥이 되고 있다"고 자신의 시적 재능이 모자란다는 겸손의 미덕까지 그려내고 있다. 「바람이 머문 자리」 「가을을 딴다」 「풀꽃처럼」이란 시에서는 또 이렇게 노래한다.

    논두렁에 머무르던 바람의 시간
    벼 포기가 허리춤 부여잡고
    휘어져 버린 몸매에 무게마저 버거워
    고개 숙인 벼 이삭
    바람의 리듬에 가눌 수 없는 몸
    휘어지고, 쓰러지고, 꺾여가는
    상처 아닌 상처가
    가을을 맞이하고 있다
    농부의 허리 같은 논두렁에
    바람이 흔들고 간, 헝클어진 벼 이삭
    그 벼 이삭에 앉은 참새들이
    수다로 한 끼 배를 채운다
    거센 바람 허수아비처럼
    나의 옷자락에 매달려
    내 생각의 발목을 붙잡는다
                             -「바람이 머문 자리」 전문

    이름 있는 꽃이 되라 합니다
    하루를 보낸 삶의 알갱이들이

여물어가는 하루가 되라 합니다

한 점 떠도는 구름은

나를 휘청이게 합니다

들풀 사이를 바람처럼 걷다가

들풀들의 속삭임에,

들새 울음소리에 귀를 열고

그 마음을 듣습니다

풀잎 사이로 불어오는 바람 한 끝에서

내가 걸어온 길 위에서

언듯언듯 보이는 풀꽃들

풀벌레들의 울음소리와 바람의 이야기가

내 마음에 집을 짓습니다

있는 듯 없는 듯 이름 없는 풀꽃처럼 살다가

혼자 흔들리며 가는 길에

풀꽃 한 송이 피우려 합니다

-「풀꽃처럼」 전문

  이 두 편의 시에서도 여지없이 논밭에서 일하면서 얻어낸 소재임을 알 수 있다. 그러므로 심경숙 시인은 시가 곧 생활이고 생활이 곧 시가 된다. 그의 대부분의 시는 가슴 찡한 애련지심을 동반케 한다. 「바람이 머문 자리」란 작품에서는 늘 논두렁이나 밭두렁에서 생활하는 화자 자신의 처지를 '바람' '고개 숙인 벼 이삭' '상처' '허수아비' 등을 핵심 시어로 하여 객관적 상관물에 감정이입 시켜 자신의 처지를 비유적으로 그려내고 있다. '시는 암시다'라고 할 때 이 이상 작자 자신의 생활상을 암시적으로 그려낼 수는 없는 경지다.

「풀꽃처럼」 이 시 역시 화자persona 자신을 "이름 없는 풀꽃"으로 상징화하여 시상을 전개하고 있다. 어딘가 처연하고 애틋한 애련지심을 불러일으키는 작품이다. 인간은 누구나 열등감과 열패감을 갖고 산다. 그러나 어떤 일에서 혹은 어떤 장소에서 열등감을 느꼈을 때 좋은 작품이 탄생하는 경우도 많다. 이 작품 역시 화자 자신을 "이름 없는 풀꽃"에 비유하고 있다. 그러나 "이름 없는 풀꽃"을 첫 행에서는 "이름 있는 풀꽃이 되라 합니다"와 같이 무에서 유로 향해 살라는 희망적 메시지를 던진다. "하루를 보낸 삶의 알갱이들이/여물어가는 하루가 되라" 하기도 하고 "풀벌레들의 울음소리와 바람의 이야기가/내 마음에 집을 짓"기도 한다는 것은 어떤 결실, 열매를 상징하는 희망적 정서의 이미지 승화다. 시상 전개와 작자가 그려내고자 하는 중심 테마가 우리들 삶의 보편적 진리를 담고 있어서 더욱 훌륭한 작품으로 평가받을 만하다.

「가을을 딴다」라는 작품에서는 "내 손길에서 익어가

는 바구니/40도의 뜨거운 열기에/꽃등 켠 가을이 익는다"라고 낭만적으로 표현한다. 그러나 그 이면에 흐르는 비닐하우스 속 같은 열기의 땀방울의 노고를 연상하지 않을 수 없다. 힘든 노동을 하는 농부의 일면이 전율로 다가온다.

「콩꽃이 붉다」란 작품에서는 '콩'과 연상되는 '두부'를 팔던 과거를 회상한 시다. "두부 사세요! 두부!/허공 속에 던지던 그 소리"가 자신의 과거의 삶의 순간을 회상하여 인유한다. "종일 좌판대 위에서/시식대 위에서 두부 사세요, 두부/귀에 걸고 외치던 그 시간/아는 사람이 볼세라/모자 속 얼굴 깊숙이 숨기고/두부모 속에 숨고 싶었던 그 시간"이 그것이다. 심경숙 시인에겐 상처같이 아픈 삶의 흔적으로 남아 있을 것이다. 그러나 인생은 누구에게나 삶의 궤적에서 아픈 상처들이 있다. 심경숙은 아마 두부 장수의 외침 소리를 들으면서 자신의 삶의 궤적이 아프게 떠올랐던가 보다, 그러나 우리들 보편적인 민초들의 삶은 대부분 이렇게 어려운 고초를 겪으면서 살고 있다. 시인을 일러 남의 아픔을 대신 울어주는 '곡비'라고 한다. 심경숙 시인은 자신이 살아온 생활상을 근간으로 하여 민초들의 삶을 잘 대변하는 시인이 될 것이다.

2. 신앙적 사유의 시 세계

심경숙 시인의 작품에 나타난 또 하나의 특성은 불교적인 시가 많다는 점이다. 그의 출생지는 강원특별자치도 홍천이다. 홍천에는 '수타사'라는 유명한 사찰이 있다. 심경숙은 그 '수타사'를 중심으로 불교 사상을 테마로 한 작품을 많이 탄생시킨다. 우선 제목만으로도 「수타사 시화전」, 「수타사에서 시를 만나다」, 「수타사의 겨울」, 「청평사에서」, 「동화사 풍령은 바람을 먹고 삽니다」, 「돌탑」, 「봉정암의 하룻밤」 등이다. 불교의 최고의 경지는 '참선'이다. 붓다가 카필라 왕궁을 버리고 도道를 닦기 위해 바라문을 뛰쳐나온 경지다. 심경숙 시인은 아마 시를 통하여 참선하듯 자신이 열망하는 어떤 시 세계에 도달하고자 하는 심상의 발로로 많은 사찰을 소재로 하여 시를 쓰는 것 같다. 참선은 곧 자기 자신을 찾는 길이라고 한다. 심경숙 시인이 찾고자 하는 이상 세계, 참선의 세계는 어떤 경지인가를 감상해 보자.

    적막이 풍경소리로 운다
    하늘에서 이슬방울 같은 은구슬 떨어진다
    합장의 기도문으로 영근 구슬인가
    선禪으로 영근 산자락마다

설움 같은 얼음꽃 고요를 깬다

하얀 천상의 꽃으로 다시 피어난다

누군가의 기도로 쌓아 올린 돌탑

수행 중이다

산사를 긋고 가는 풍경소리

유리알같이 부서지는 햇살

동안거 참선 중이다

        -「수타사의 겨울」전문

오월 산소길에

시의 가족이 이사 왔다

다섯 가족이 모여 사는 시의 집

자연 속에 문패 달고 월세 들었다

시의 향기에 취해

꽃물 들어가는 야생화

삼색병꽃 아카시아꽃 더덕꽃 향기

방울방울 쩌낸, 호빵 같은 불두화

꽃망울 피워내고

뻐꾸기 소리가

시 낭송하듯 울려 퍼진다

고즈넉한 산사, 산소길

시가 사는 산소길

묵언 수행하던 그 숲길에서

시를 만나 시를 잉태 한다

볼록한 배를 가진 동자승마냥

그런 시가 산다

- 「수타사에서 시를 만나다」 전문

「수타사의 겨울」이란 이 시는 '겨울 풍경'만큼이나 적막하다. 적막 속에서 살아 움직이는 생동감이 넘쳐난다. "하늘에서 이슬방울 같은 은구슬 떨어진다"는 표현은 열어붙은 얼음덩이들을 연상케 한다. 그 얼음덩이들을 다시 "합장의 기도문으로 영근 구슬"로 상징화된다. 뛰어난 상상적 발상이다. 그 발상은 "선禪으로 영근 산자락마다/설움 같은 얼음꽃 고요를" 깨고 앉아 있다고 승화시킨다. "누군가의 기도로 쌓아 올린 돌탑/수행 중이다"와 같이 산사의 겨울 풍경을 오롯이 한 곳, 참선으로 집약시켜 승화해 낸 기법이 마치 선禪 세계를 한 폭의 풍경화처럼 그려내고 있다. 고고하고도 냉철한 사유의 세계가 가슴을 서늘케 한다.

「수타사에서 시를 만나다」는 수타사 주변에서 하늘거리고 있는 온갖 야생초들을 '시의 가족'으로 의인화한 것이다. "삼색병꽃, 아카시아꽃, 더덕꽃 향기, 불두화"가 모두 시의 가족이다. "뻐꾸기 소리가/시 낭송하듯 울려 퍼진다"고 청각적 이미지를 살려 한층 더 고고한 시적 여운을 극대화하고 있다. "시인은 이미지의 재벌가"라고 한 미당의 말이 절절하게 와 닿는 심상$_{image}$의 시다. 물론 작자 심경숙 자신도 그 가족에서 빠지지 않고 "시가 사는 산소길/묵언 수행하던 그 숲길에서/시를 만나 시를 잉태한다"고 '시의 가족'으로 동참하는 발상으로 시를 탄생시켜 낸다는 것을 암시한다. 이렇게 심경숙 시인은 가는 곳마다 발 닿는 곳마다 시를 잉태하고 탄생시켜 내는 감성의 시인, 노력파 시인이다. 다음의 작품은 또 어떤 경지인가?

> 수타사 부처님의 얼굴처럼
> 걸러있는 시화,
> 행간, 행간마다 고요가 흐른다
>
> 바람의 언어인 듯,
> 암호 같은 문장 속 이야기들
>
> 바람과 햇살과 달빛과 별빛도
> 달려와 시를 읽는다
>
> 잃어버렸던 시간

산사에 와 부처님 얼굴 찾듯

내 영혼의 한 자락

서툰 행간 속에서 만난다

- 「수타사 시화전」 전문

  이 시는 아마 홍천 '수타사'에서 시화전을 할 때 쓴 것으로 인식된다. 그 시화전에 자연을 끌어들여 탄생시킨 시다. "수타사 부처님의 얼굴처럼/걸려있는 시화/행간, 행간마다 고요가 흐른다"고 시적 분위기를 한껏 고조시킨다. 더욱 기발한 발상은 "바람과 햇살과 달빛과 별빛도 달려와 시를 읽는다"는 것이다. 심경숙 시인의 모든 시가 그렇듯이 작자의 사상Thema을 잘 살려내는 점이다. "잃어버렸던 시간/산사에 와 부처님 얼굴 찾듯/내 영혼의 한 자락/서툰 행간 속에서 만난다"는 그것이다. 즉 참선하듯 자아를 발견해 낸다. 어쩌면 시를 쓰는 이유는 '자아 찾기의 순례'일 것이다. 절寺을 배경으로 한 시 중에서 아주 맑고 깨끗한 시 한 편을 더 감상해 보자,

바위에 핀 노란 양지꽃

부처님 품속보다
〈

더 넓은 허공에 꽃대 심고

수행자 되었을까

스님 독경 소리에

귀를 연

고요가 샛노랗다

-「청평사에서」 전문

  이 시는 "바위에 핀 노란 양지꽃"을 한 사람의 '수행자'로 의인화한 것이다. 발상이 참신하여 시적 경지가 하늘에 닿을 듯 맑고 깨끗하다. "스님 독경 소리에/귀를 연/고요가 샛노랗다"는 표현은 적막함 속에서 피어나는 산사의 풍경이 한 폭의 그림처럼 이미지image화 된 시다.

하늘 아래 몸 하나 뉠 방 한 칸
사각 라인 안에 지친 몸 눕힌 밤
창호지에 어린 산사의 밤이 있다
상수리나무 가랑잎 부스럭대는 소리가 있다
적멸보궁 진신 사리탑에

별들이 내려와 연등 밝히고

나는 별들의 주문을 왼다

기도문이 하늘에 닿아

봉정암 산사를 가른다

순례자로 머문 하룻밤

극락이 나를 연다

- 「봉정암의 하룻밤」 부분

산사 법당 부처님 앞에

촛불 밝히고

비어 있는 듯

꽉 찬

생각을 내려놓는다

한쪽을 채우기 위해

마음 한쪽을 비우기 위해

108배로 부처님께 길을 묻는다

뾰족했던 마음 둥글게 해 달라고

발에 차인

무수한 나의 돌멩이들이

돌탑 되어 달라고

빈다

기우는 노을이 붉어서

찬란하다

　　　　　　　　　-「마음의 빈 곳간」 전문

　이 두 작품은 모두 부처님을 향해 마음의 도道를 닦는 사유를 형상화한 작품이다. 화자의 마음이 더없이 고결하고 순정한 기도의 자세가 하늘에 닿는다. 「봉정암의 하룻밤」에서 화자는 "적멸보궁 진신 사리탑에/별들이 내려와 연등 밝히고/나는 별들의 주문을 왼다"는 것은 신神을 향한 화자의 심상이 더없이 맑게 스며든다는 것이다. "순례자로 머문 하룻밤/극락이 나를 연다"고 부처님 세계에 순화, 동화되었던 순간을 고고하고 고결하게 승화시킨 불심의 사유가 돋보인다. 이 고결하고 철학적인 사유의 세계 앞에서는 침묵 같은 기도만이 부처님과 통하는 선禪의 세계일 것이다. 참고로 '봉정암'은 강원특별자치도 인제군 북면 용대리에 위치한 절이다. 아름다운 자연과 고요한 사찰 분위기라 명소로 알려진 곳이다. 접근성도 좋고 교통편도 원활한 곳이라 산사의 운치를 맘껏 누릴 수 있는 곳이다. 관광객들은 미리 숙소를 예약하고 머물러야 할 만큼 불심을 키워주는 곳이란다. 심경숙 시인은 이곳에 하룻밤을 머물면서 부처님과 만났던 사유의 세계를 더없이 고결하게 그려내고 있다.

「마음의 빈 곳간」이란 작품 역시 "산사 법당 부처님 앞에/촛불 밝히고/비어 있는 듯/꽉 찬/생각을 내려놓는다/마음 한쪽을 채우기 위해/마음 한쪽을 비우기 위해/108배로 부처님께 길을 묻는다"라고 기도와 마음의 자세를 구체적으로 고백한다. 특히 불자로서 성스러운 마음의 자세는 "뾰족했던 마음 둥글게 해 달라고/발에 차인/무수한 나의 돌멩이들이/돌탑 되어 달라고" 기도한다. 참으로 성스럽고 고결한 신앙인의 자세가 귀감이 되고도 남을 만하다.

3. 풍수지탄의 시 세계

인간에게 가장 큰 사랑은 부모, 자식 간의 사랑이다. 우리의 혈관은 부모와 자식 간의 사랑이 한 몸으로 흐르는 피로 연결된다. 그러므로 부모가 돌아가셔도 그 피가 우리 몸속에서 계속 흐르고 있듯이 돌아가셔도 끊을 수 없는 것이 부모님에 대한 사랑이다. 심경숙 시인의 어머니와 아버지에 대한 사랑을 그려낸 작품들을 감상해 보겠다.

시장 구경이나 가자시던 어머니

꽃무늬 원피스가 걸린

용인상회 앞에서 발길 멈추신다

얼마 전 봐 놓은 옷 한 벌이 눈에 밟히셨나 보다

속주머니의 돌돌 말은 지폐 세 장

내 손에 쥐여 주신다

딸이 사줬다 할게!

이만 오천 원짜리 옷값

서로 돈을 내려 하던 그 옷가게 앞

어머니 그림자는 간 곳 없고

상표도 떼지 못한 채 잠든 옷

꽃무늬 같은 그리움에 꺽꺽

목줄기가 뜨거워지는데,

꽃물처럼 물든 내 가슴의 옹이는

어머니의 빈 그림자같이

내 발길을 불러 세운다

- 「옷집 앞에서」 전문

앞 논에 모내기 끝내고 개구리 슬프게 울던 날 아카시아 향기 따라 홀연히 떠나신, 아버지의 흔적이 묻어 있는 고무신을 신고 오늘도 밭두렁을 걸어 봅니다

- 「아버지의 고무신」 부분

참으로 안타까운 두 편의 시다. 「옷집 앞에서」는 "상표도 떼지 못한 채 잠든 옷"에서 암시되듯이 심경숙의 어머니는 새로 산 그 옷을 입어보시지도 못하고 돌아가셨던가 보다. 안타까운 서정의 극치다. "딸이 사 줬다 할게!"에서 부모의 자식에 대한 끝없는 사랑을 느낄 수 있다. "서로 돈을 내려 하던 그 옷 가게 앞"에서 화자는 "꽃무늬 같은 그리움에 꺽꺽/목줄기가 뜨거워"진다고 어머니를 그리워한다. 보편적 우리 서민들에게서 볼 수 있는 모습이지만 그 어머니의 자식에 대한 사랑은 "딸이 사 줬다 할게"에 다 담겨 있다. 그리고 화자는 옛날 서로 돈을 내겠다고 하던 그 옷 가게 앞을 지나면서 "꽃물처럼 물든 내 가슴의 옹이는" "발길을 불러 세운다"고 어머니에 대한 그리움과 아픔을 술회한다.

「아버지의 고무신」에서도 암시되듯이 아버지도 "모내기 끝내고 개구리 슬프게 울던 날 아카시아 향기 따라 홀연히 떠나"셨다. 애통지한이다. 특히 「아버지의 고무신」이란 이 작품에서는 아버지의 생명의 터전이었던 '모내기'의 논과 그 논에서 우는 개구리를 매치시킨 발상이 참신하다. 왜냐하면 청개구리가 어미를 잃고 슬피 울듯이 '개구리'는 슬픔을 상징하기 때문이다. 시란 이렇게 독자의 가슴을 울리는 시일 때 좋은 시라 이름한다.

처음 본 사람처럼 멀뚱한 시선

여든여섯 살 노치원생 우리 엄마

밤새 지린 속옷 방 안 가득 널어놓고

잠을 잤는지 밥을 먹었는지

기억 저편, 생각의 저편

하얗게 물든 머리카락 수만큼

헝클어진 시간을 쓰다듬는다

봄날 양지꽃같이

사랑스럽게 살아 계신 우리 엄마

세월 거꾸로 매달고 간다

노란 버스를 타고 노치원을 다닌다

거무스름한 검버섯 얼룩 너머로

시린 가슴 하늘가에 가물거리는

여섯 살 아가가 된 우리 엄마

뉘시오? 그 말에

내 가슴 까맣게 타들어 간다

-「뉘시오」 전문

뉘시오, 뉘시오

하얀 머리카락 사이로

팔십육 년의 시간을 더듬는다

강원도 어느 산골짜기 집에

고려장 하듯 두고 온 엄마의 그곳

잃어버린 기억 속에 머무르신 걸까

모두 다 내려놓은 듯

노을에 허공을 걸어

걸린 허공을 붙잡고

천만근 눈꺼풀만 껌뻑거린다

산이 보이는 창가에

엄마를 걸어 두고 돌아오는 마음

관절이 꺾인다

뉘시오,

그 목소리 이명으로 맴돈다

-「요양원」 전문

  이 두 편의 시적 대상은 '어머니'다. 「뉘시오」라는 이 시는 2020년 서울 지하철 시민 공모 작품에 당선된 시다. 시 내용으로 보아 치매를 앓고 있는 어머니지만 주간보호소라고 하는 '노치원'에 다니시는가 보다. "봄날 양지꽃같이/사랑스럽게 살아 계신 우리 엄마"라는 표현으로 그렇게라도 살아 계신 어머니가 고마울 뿐임을 암시한다. 어머니에 대한 화자의 극진한 효심이다. 더구나 딸을 몰라보고 "뉘시오? 그 말이/내 가슴 까맣게 타들어 간다"에 이르러서는 유구 회한이다. 「요양원」도 같은 테마의 작품으로 "강원도 어느 산골짜기 집에/고려장 하듯 두고 온 엄마의 그곳"이 가슴 절절한 아픔으로 다가온다. 근래에 이르러 요양원에 부모님을 보내는 것을 현대의 고려장이란 말까지 등장하고 있다. 이런 곳에 어머니를 두고 온 화자의 심정이 오죽하겠는가! "노을에 허공을 걸어/걸린 허공을 붙잡고/천만근 눈꺼풀만 껌뻑거"리는 어머니를 뒤에 두고 온 화자는 "관절이 꺾"이도록 아픈 통한의 심정을 그려낸다.

> 절에 가신다고 챙기신 어머니의 쌈짓돈,
> 쌀, 향, 초 보따리 가득 꼭꼭 묶어 놓고
> 새벽에 쓰러지셨다
> 분수처럼 솟구쳐 뿜어대는 머릿속의 피
> 부처님 오신 날,
> 공양도 이런 공양이 또 있으랴!
> 머리를 깎고 머리뼈를 열고
> 하얀 고깔모자를 쓰고
> 연꽃처럼, 연꽃 등처럼 붉게 물들이며
> 열반에 드신 걸까
> 적멸보궁 같은 어머니의 텅 빈 자리
> 어머니가 좋아하셨던 부처님의 자리
> 그 인연의 연꽃

연꽃 같은 꽃잎들 둘러앉은

여덟 남매의 사월 초파일,

어머니 가시고

텅 빈 대청마루에

구름만 무심히 흘러든다

- 「연꽃 얼굴」 전문

　　정말로 '풍수지탄風樹之嘆'이란 말, 이런 경우에 쓰는 말이 아닐까? 불교 신자인 어머니가 절寺에 가 부처님께 공양하려고 "쌀, 향, 초 보따리 가득 꼭꼭 묶어 놓고/새벽에 쓰러지셨다"니, 이런 애통함이 어디 또 있으랴! 마치 새벽기도를 다녀오다가 불의의 사고로 목숨을 잃는 경우와 같은 참변이다. 이런 경우를 들을 때마다 진정 '신은 있는 것인가?'라는 회의적 의구심이 들기도 한다. 그러나 참 신자들은 죽음 자체도 하느님을 향한 혹은 부처님을 향한 공양이라고 한다. 마치 아브라함이 아들 이삭을 바치려 했던 것처럼. 이 시의 화자도 "분수처럼 솟구쳐 뿜어대는 머릿속의 피/부처님 오신 날/공양도 이런 공양이 또 있으랴!"라고 탄식하듯 부처님을 위한 공양 의식으로 승화, 정화한다. "사월 초파일"을 맞아 이렇게 불의에 돌아가신 어머님을 회상하며 "적멸보궁 같은 어머니의 텅 빈 자리/어머니가 좋아하셨던 부처님의 자리"를 불교의 상징인 "그 인연의 연꽃"으로 매치시켜 승화시켜 낸 시적 경지가 숭고하고 아름답다.

> 누렇게 익은 얼굴로
> 마른 북어처럼 길게 누워 계시던 어머니
> 화롯불같이 따끈따끈한 호박죽 쑤어다 드리면
> 언제 갚으라고 또 죽을 가져왔니 하시던
> 그 말씀 귓전에 스친다
> 홀로 계신 골목 맨 끝 외딴집
> 그 길 볼 때마다 떠오르는 얼굴
> 어머니 얼굴이 아른거린다
> 세상의 옷을 벗고
> 한 벌의 새 옷 갈아입은 흰 관,
> 꽃상여에 온몸 편히 눕히시고
> 떠나시는 길
> 흰 구름 몇 조각 천사 날개 되어
> 어머니 모시고 가는 듯,
> 가을바람이 마지막 구름을 배웅한다
>
> - 「가을 꽃상여」 전문

「가을 꽃상여」는 어머니가 이 세상을 떠나시던 '가을 날'을 회상하여 쓴 시다. 제목에서부터 처연함이 밀려오는 작품이다. 화자는 "세상의 옷을 벗고/한 벌의 새 옷 갈아입은 흰 관,/꽃상여에 온몸 편히 눕히시고/떠나시는 길"로 관 속에 들던 어머니 모습을 회상한다. 그리고 떠나가시던 그날의 모습을 회상하여 "흰 구름 몇 조각 천사 날개 되어/어머니 모시고 가는 듯,/가을이 마지막 구름을 배웅한다"고 떠나시던 날의 그 배경을 "가을바람"과 "꽃상여"를 절묘하게 매치시켜 시의 미학적 경지를 이뤄낸다. 수작秀作이다.

그리고 특이한 또 한 편의 시,「무덤 앞에서 시 읽기」란 시가 있다. "엄마가 잠든 집, 빨간 단풍으로 온통 물든 집/상석 앞에 커피 한 잔 올리고/농부의 시 한 편 읽어 드린다" "엄마의 음성처럼/흐느낌 같은 바람 소리 엄마의 손길인 듯/내 등을 토닥이신다"라는 시가 그것이다. 이렇게 애틋하게 딸이 시인이 되어 밭고랑, 논둑길에서 쓴 시를 어머니 살아생전에 보여드리지 못한 한恨이 사무쳤을 것이다. 그 한을 조금이라도 풀어내려는 듯 화자는 어머니 무덤 앞에 가서 시를 읽어 드린다. 화자의 심상心想과 정서가 처연하게 다가오는 시로 가슴을 울린다. 참신하고 특이한 발상이다.

4. 혈육지정의 시

심경숙 시인의 이번 시집에는 특이한 시가 있다. 심경숙은 아마 손자 '은우'와 함께 자주 산책을 하거나 놀이동산이나 강가에 데리고 다니는 것 같다. 그럴 때마다 그 여덟 살 된 손자 은우는 시를 짓는단다. 조부모가 된 사람들은 다 느끼겠지만 이 세상에 손주만큼 사랑스러운 대상은 없다. 심경숙 시인은 그런 손자와 관계된 시를 이번 시집에 여러 편 담고 있다. 어른이 썼다고 할 만큼 잘 쓴 시라서 인용한다.

앨버트로스 닮은 새가

물 위를 날아오르는 강가에서

갈대가 춤을 춘다

버들강아지 뽀얀 솜털을 자랑한다

옆을 지키는 갈대가 멋지다고 손을 흔든다

다이아몬드처럼 빛나는

강물을 바라보는 갈대

할머니 휘어진 허리 같다

그 모습 바라보는 소나무

춤을 추고 있다

바람이 물결을 흔든다

물결은 어린 갈대를 안아 준다

무지개다리를 건넌다

매력 넘치는 여기는 홍천 화양강

- 「할머니에게 은우가 쓴 시 -갈대」

  은우는 여덟 살이다. 초등학교 1학년이 썼다는 것이 믿기지 않을 만큼 놀랍다. 강가에서 하늘거리고 있는 '갈대'를 인유하여 "강물을 바라보는 갈대/할머니 휘어진 허리 같다"는 비유로 그려낸 아이의 생각이 놀랍기만 하다. 그리고 강가의 모든 사물들 "버들강아지 뽀얀 솜털, 다이아몬드처럼 빛나는 갈대, 강 물결, 소나무" 등을 끌어들여서 묘사한 것도 기특하다. "물결은 어린 갈대를 안아 준다"는 표현은 아마 할머니를 보호한다는 뜻으로 표현한 것으로 인식된다. 아마 이 손자 은우는 문학적 재질을 타고난 것 같다. 여덟 살에 이런 시를 쓸 수 있을까? 생각하다가 문득 '한강'이 여덟 살 때 썼다는 시가 생각난다. "사랑이란 어디 있을까? 팔딱팔딱 뛰는 나의 가슴 속에 있지, 사랑이란 무얼까? 우리의 가슴과 가슴 사이를 이어주는 금실이지!"라는 시를 상상한다면 필경 은우도 만만찮은 소질을 타고났음에는 틀림없다.

  이 작품 외에도 은우의 시적인 말이나 행동을 빌어서 심경숙 시인이 쓴 시가 많다. 「달팽이 서사」. 「물소리가 좋아요」,「은우가 봉숭아 꽃물 들 때」 등의 작품이 그것이다.

5. 또 다른 '수선修繕'을 위하여

심경숙 시인은 「수선」이란 작품에서 자신이 살아온 인생을 이렇게 노래한다. "헌 옷가지 늘어놓듯/인생의 스토리 펼쳐 놓고/자르고 덧대어 꿰매 본다/해진 옷깃 같은 나의 세월, 장롱 안에서 낡아 버린 옷처럼/솔기마다 쌓인 먼지 털어내듯/상처로 곪아가는 옹이진 마음 도려낸다/가을 햇살의 길이만큼/빠른 걸음으로 살아온 시간들/어둠 속에 엉킨 실타래 풀어내듯/보푸라기 떼어내듯/세상을 건너온 내 마음의 상처/마름질로 하루가 저문다"(「수선」)이란 작품 전문이다. 잘 짜여진 한 필의 무명처럼 옹골찬 시다. 그런 까닭으로 이 시는 2024년 서울 지하철 시민작품 공모에 당선된 시다.

자신의 삶을 한 번씩 이렇게 '수선'하듯 되돌아본다는 것은 결국 자아성찰의 자세다. 그리고 제목 그대로 후회로 남는 일들, 그리고 미처 못 한 일들은 '수선'하듯 고치고 반성하면서 새 삶, 새 길을 찾겠다는 의지의 시다. 좋은 시는 독자와 함께 할 때 그 빛이 난다. 보편적 진리로 공감대를 이룰 때 독자들은 그 시를 사랑한다. 이런 의미에서 심경숙 시인의 시는 제시할 시가 너무 많다. 그러나 지면 관계상 다 하지 못하여 아쉬움을 남긴 채 더더욱 공감하는 좋은 시를 많이 탄생시키기를 기원하면서 축복을 빈다.

상상인 시인선 *081*

지은이 심경숙

초판인쇄 2025년 8월 25일 **초판발행** 2025년 9월 1일

펴낸곳 도서출판 상상인 **편집주간** 황정산 **펴낸이** 진혜진

표지디자인 최혜원 **기획·마케팅** 전은빈 최유림 노혜림 정현수

책임교정 길상화 **편집** 세종PNP

등록번호 제572-96-00959호 **등록일자** 2019년 6월 25일

주소 06621 서울시 서초구 서초대로74길 29, 904호

전화번호 02-747-1367, 010-7371-1871

팩스 02-747-1877 **전자우편** ssaangin@hanmail.net

ISBN 979-11-7490-005-0 (03810)

값 12,000원

* 이 도서는 2025년 강원특별자치도, 강원문화재단 후원으로 발간되었습니다.

* 이 책은 전부 또는 일부 내용을 재사용하려면 반드시 저작권자와 도서출판 상상인의 동의를 받아야 합니다.

* 이 도서의 국립중앙도서관 출판시도서목록(CIP)은 서지정보유통지원시스템 홈페이지(http://seoji.nl.go.kr)와 국가자료공동목록시스템(http://www.nl.go.kr/kolisnet)에서 이용하실 수 있습니다.